ALPHABET MUSICAL.

DÉLIBÉRATION

DU CONSEIL ROYAL D'INSTRUCTION PUBLIQUE

Du 19 Novembre 1859.

OUVRAGES CLASSIQUES.

L'usage de la GRAMMAIRE PHILHARMONIQUE et de l'ALPHABET MUSICAL de M. Salvador Daniel est autorisé pour l'enseignement de la musique dans les établissements universitaires.

Musique typographique

DE TANTENSTEIN ET CORDEL,

90, rue de la Harpe.

IMPRIMERIE DE MOQUET ET HAUQUELIN,

90, rue de la Harpe.

ALPHABET
MUSICAL,

OU

PRINCIPES ÉLÉMENTAIRES
DE LA THÉORIE ET PRATIQUE DE LA MUSIQUE,

POUR ÊTRE ENSEIGNÉE AUX ÉCOLES PRIMAIRES DES DEUX SEXES,

DÉDIÉ A L'ENFANCE

PAR

Don Salvador Daniel.

———

DEUXIÈME PARTIE.

PARIS,

CHEZ L. HACHETTE, LIBRAIRE DE L'UNIVERSITÉ,

12, Rue Pierre-Sarrazin.

A BOURGES,

CHEZ L'AUTEUR, ET CHEZ TOUS LES LIBRAIRES.

1843

Il est expressément recommandé à nos lecteurs de vouloir bien lire attentivement ces *notes* avant de faire chanter la seconde partie de notre ALPHABET.

NOTE 1re.

Nous croyons que la partie d'ophycléide qui est à la page 132 et suivantes de ce volume est plus nécessaire et utile pour atteindre le but que nous nous sommes proposé, que les huit ou dix leçons d'exercices en trio que nous avions promis, à la fin du premier volume, 1° parce que les enfants sont déjà habitués à chanter à plusieurs parties. Ce résultat, ils l'ont obtenu dans la première partie de notre *Alphabet*, s'ils en ont chanté toutes les leçons d'après l'ordre prescrit. 2° Parce que tout ce que contient ce volume étant destiné à l'enfance et à la jeunesse des deux sexes, et la nature leur ayant refusé les voix de *basses*, l'ophycléide, ou un autre instrument analogue, remplira ce vide plus avantageusement en proportion du nombre de chanteurs. 3° Le maître aurait trop souvent besoin, pour conduire, de faire vibrer le diapason, l'écouter, et transmettre aux exécutants la tonique, et même l'accord, avant de commencer chaque morceau, qu'ils n'entendraient jamais aussi distinctement. A cette fin, et pour mieux faire entendre la tonique et le mouvement à tous, le directeur fera placer près de lui l'ophycléide et les coryphées. 4° Cet instrument est assez généralisé dans toutes les classes de paroisses; mais notre ouvrage sera un nouveau motif pour en exciter l'étude et le perfectionnement de son exécution. 5° Il se joindra d'une manière agréable aux sons harmonieux de l'orgue, lorsqu'il y en aura un.

NOTE 2e.

Tout ce que contient cette seconde partie de l'*Alphabet* peut être exécuté dans la plus modeste église, par les élèves de la commune comme dans la plus vaste cathédrale, si les élèves ont déjà dit la première partie, ou s'ils sont déjà musiciens par n'importe quelle méthode; mais les maîtres auront soin de nommer d'avance les individus qui doivent composer les chœurs des coryphées, ainsi que celui de désigner à chacun la partie correspondante à sa classe de voix. Le chœur des coryphées sera toujours inférieur à celui du grand chœur, mais d'une manière proportionnelle.

NOTE 3e.

A l'*Ave verum*, page 80, le maître formera d'avance les deux chœurs; et, comme nous supposons qu'il n'aura pas de basses, il fera chanter cette partie aux contralti dans le premier chœur, et au deuxième, toujours plus nombreux, il y aura l'ophycléide. Celui-ci n'empêchera pas les voix de basses de chanter, s'il y en a.

NOTE 4e.

Le besoin d'ophycléide se fera sentir davantage dans le *Veni Creator*, page 107. Dans les deux cas, l'ophycléide jouera la partie de basse sur la partition, lorsque cette classe de voix manquera.

Les 2e, 4e et 6e strophes du *Veni Creator* peuvent être chantées par les chantres qui composent le chœur du plain-chant, commençant chacune des strophes par la dominante *fa*, ou bien le chœur sera remplacé par l'orgue dans le ton de *si* bémol. Quant aux 1re, 3e, 5e et 7e strophes, elles n'ont été écrites que sous une seule des quatre parties, quoique tous les exécutants doivent lire à la fois la même strophe.

NOTE 5e.

L'ophycléide peut aussi accompagner la marche, les prières et tous les exercices des élèves. A cette fin, nous y avons mis l'accompagnement de la *Prière* de la première partie de l'*Alphabet*. Cet accompagnement est à la page 151.

NOTE 6^e

Cette deuxième partie ayant été faite pour être chantée dans les églises de France, où les orgues et les ophycléides sont en général à un ton plus bas que le diapason ordinaire, les maîtres de musique sont priés, dans le cas contraire, de transposer l'accompagnement d'ophycléide ou d'orgue à un ton plus bas.

PARAPHRASE

DE

VENI SANCTE SPIRITUS,

EN VERS FRANÇAIS,

Par M. JEANTELOT, Directeur de l'École Normale primaire de Bourges,

Musique de Don SALVADOR DANIEL.

(Le 6 avril 1842.)

â - mes. Al - lu - -mez dans leur sein le
feu de votre a - mour; Brû -
- lez leurs jeu - nes cœurs de
vos di - vi - nes flam - -mes. De vo - tre

sein fé - cond, sur ce mon - de per -
- vers, Ré - pan - dez un souf - fle de
vi - e: Et du globe à l'ins-
- tant la face est ra - jeu - ni - e, Et de

rien va jail - lir un nou -
- vel u - ni - vers, Et de
- vel, un nou-vel u - ni - vers, Et de
rien va jail - lir un nou -
rien va jail - lir un nou -
- vel u - ni - vers.
(Un seul.)
- vel, un nou-vel u - ni - vers.

Toi, triple u - ni - té, qui, dans les
cœurs fi - dè - les,
Por - tes de l'Es - prit
saint le flam - beau tout en - tier,
(Tous)
Fais que ses
flammes é - ter - nel - les De la jus - tice au

(Un seul)
loin nous mon-tre le sen - tier; Que
des plai-sirs mon -dains la joie em-poi-son-
- né-e Ne soit point cel - le de nos cœurs;
(Tous.)
Que la nôtre ait, Sei - gneur, sa

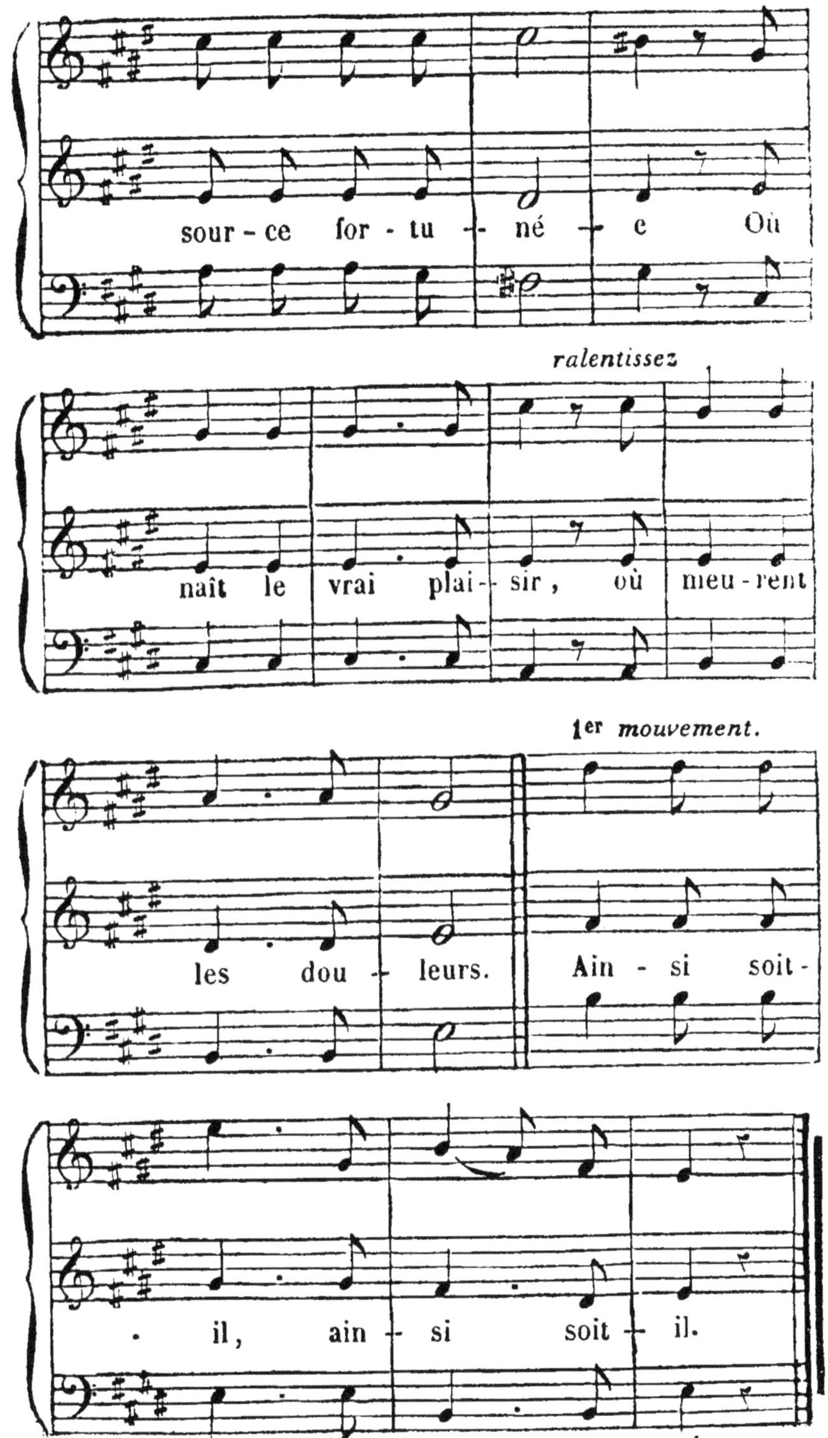

sour - ce for - tu - né - e Où
ralentissez
naît le vrai plai - sir, où meu - rent
1er mouvement.
les dou - leurs. Ain - si soit-
il, ain - si soit - il.

MESSE.

1er SOPRANO.
Coryphée.
2e SOPRANO.
Coryphée.
CONTRALTO.
Coryphée.
2es SOPRANI
et
2es TÉNORS.
1ers TÉNORS
et
1ers SOPRANI.
BASSES, BARYTONS
et
CONTRALTI.
Métr. 50 = Larghetto.
Ky - ri - e e - le - ï -son, e

- - le - ï - son.
Ky - ri - e e - le - ï -son, e

Ky -ri- -e e-le-ï- son, e-
-son, Ky -ri -e e-le-ï- son, e-
-le-ï - son, Ky- ri -e e-le-ï -son, e-

- - le-ï - son. Christe e - le-ï -
e - le-ï - son.
- - le-ï - son.
- - le-ï - son.
e - le-ï - son.

-son, e — — — le-ï -son.
Christe e _ le-ï -

Chris - te e -
- son, e - - - le-ï - son,Chris -te e -

- le - ï - son, e - - - le - ï - son.
- le - ï - son, e - - le - ï - son.

Ky - ri - e e -le--ï - son,
Ky - ri - e e - le-ï - son,
Ky-ri-e e - le - ï -

Ky - ri- - e e - le- i - -son,
Ky - ri - - e e - le - i - -son,
- son,
Ky-ri - e e - le - i -

2e
Ky - ri - - e, Ky - ri - - e e —
Ky - ri - - e, Ky - ri - e
Ky - ri - - e, Ky - ri - - e,
- son,
Ky - ri - e, Ky - ri - e,

1er Ky - ri - e
- le - ï - son, e - le - ï - son, e -
Ky - ri - e e - le - ï - son,
Ky - ri - e e - le - ï - son, e -
Ky - ri - e e - le - ï - son,

- le - ï - son, e - le - ï - son.
- le - ï - son, e - le - ï - son.

GLORIA.

Métr. 80 = ♩ (*Andantino*).

Lau -da - - mus
Laudamus
- bus bonæ volun -ta - — -tis.
-bus bonæ vo - lun — ta - — - tis.

te. Be-ne- di -- cimus te.
te. Be-ne -di-cimus te.
A - do- ra -
A-do-

- mus te. Glo - ri - fi - ca - mus te.
- mus te. Glo-ri-fi--ca-mus te.

Gra - ti - as, gra - ti - as, a
Gra - ti - as, gra - ti - as, a -
Gra - ti - as, gra - ti - as, a -

- gi-mus ti - bi prop - ter mag -
- gi-mus ti - bi propter
- gi-mus ti - bi propter
- nam glo - ri-am tu - am.
mag - nam glo-ri-am tu - am.
mag - nam glo-ri-am tu - am.

Métr. 80 = ♩ (*Andante.*)

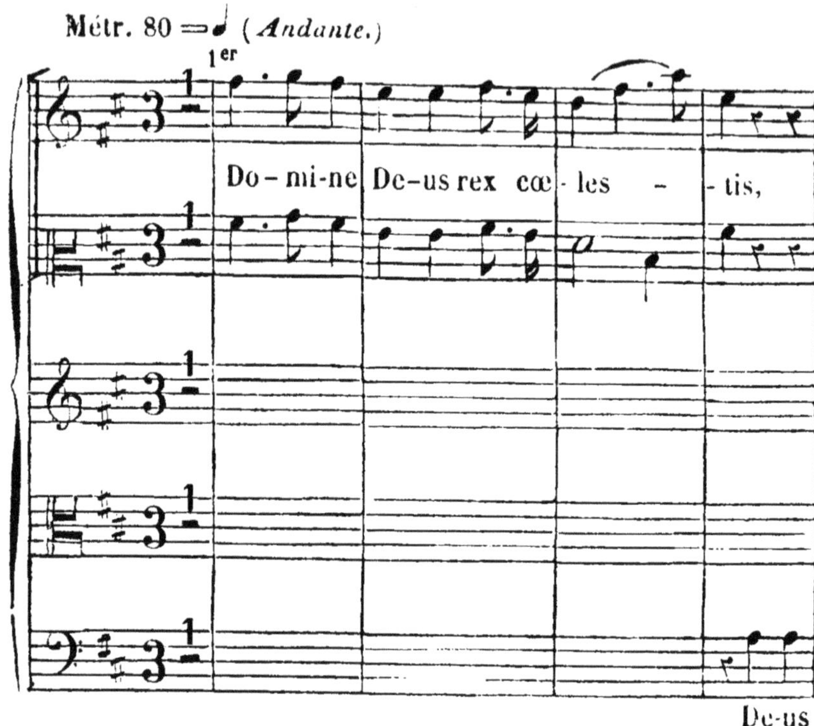

1er
Do - mi - ne fi - li u - ni - ge - ni - te,
Je-su

Je - su Chris - te!
Je - su Chris - te!
Chris - te, Je - su Chris - te!

2e
Do-mine De-us, ag-nus De-i, Do-mine De-us,
Do-mine De-us,
Domine De-us,
ag-nus De-i fi-li-us Pa-tris,
ag-nus De-i fi-li-us Pa-tris,
ag-nus De-i fi-li-us Pa-tris,

Métr. 60 = ♪ (*Andante.*)

mi - se - re - re, mi-se-re-re no - bis.
mi - se - - re - re, mi-se-re-re no - bis.
mi - se - re - re, mi-se-re-re no - bis.

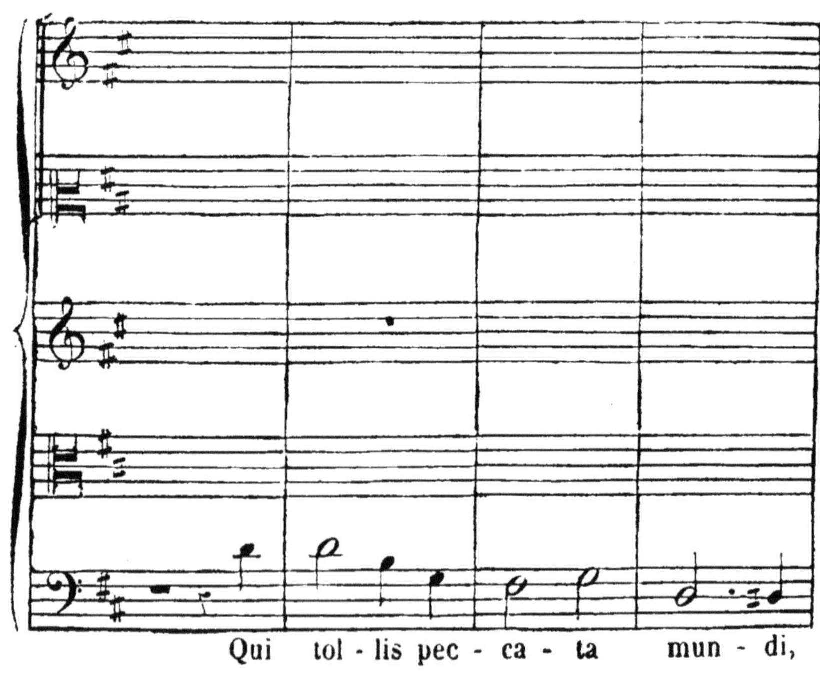
Qui tol - lis pec - ca - ta mun - di,

Sus - ci - pe, sus - ci - pe
Sus - ci - pe, sus - ci - pe
Sus - ci - pe, sus - ci - pe

de-pre-ca-ti - o - nem nos - tram.
de-pre-ca-ti, - o - nem nos - tram.
de-pre-ca-ti - o - nem nos - tram.

Qui se - des ad dex-te-ram Pa-tris,
Qui se - des ad dex-te-ram Pa-tris,
Qui se - des ad dex-te-ram Pa-tris,

mi - se - -re - re no - -bis.
mi - se - re - re no - -bis.
mi - se - -re - re no - -bis.

Métr. 80 = (Andantino.)
Quoni-am tu so-lus Sanc-tus, tu so-lus
Tu so-lus
Do-mi-nus,
Quoni-am tu so-lus Sanc--tus,
Quoni-am tu so-lus Sanc--tus, tu

Tu so-lus Al-
Tu so-lus Do - - mi - nus, Tu so-lus Al-
so-lus Do - mi - nus, Tu so-lus Al-

- tis-si-mus, Je - su Christe, Je-su Chris - te.
Je - su Chris - te.
- tis-si-mus, Je - su Christe, Jesu Chris - te.
- tis-si - mus, Je - su Chris - te.

Métr. 72 = ♪. (*Allegretto.*)

Pour les réponses pendant la Messe, voyez page 65

Métr. 80 = ♩ (*Risoluto.*)

- um et in - vi - si - bi - li - um.
et in - vi - si - bi - li - um.
et in - vi - si - bi - - - - - li - um.

Et in u - num Dominum Jesum Christum,
Fi - li - um
Et in unum Dominum Jesum Christum,
Et in unum Dominum Jesum Christum, Fi - li - um

Fi-li-um De - i u-ni-ge-ni-tum,
De-i u - ni ge - - ni - tum,
Fi-li-um De - i u-ni-ge-ni-tum,
De-i u - ni-ge - - ni - tum, u-ni -

Fi - li-um De - i u - ni-ge-ni--tum.
Fi - li-um De - i u - ni-ge-ni--tum.
ge - - - - - ni-tum.

Métr. 80 = ♪ (Allegretto.)
Et ex Pa -tre na - -tum an -te

om - ni - a se - - cu - - la.
2.

De-um de De-o, lu-men de lu-mi-ne,
De-um de De-o, lu-men de lu-mi-ne,

De-um ve-rum de De-o ve-ro,
De-um ve-rum de De-o ve-ro,

Métr. 60 = ♩ (*Andantino*).

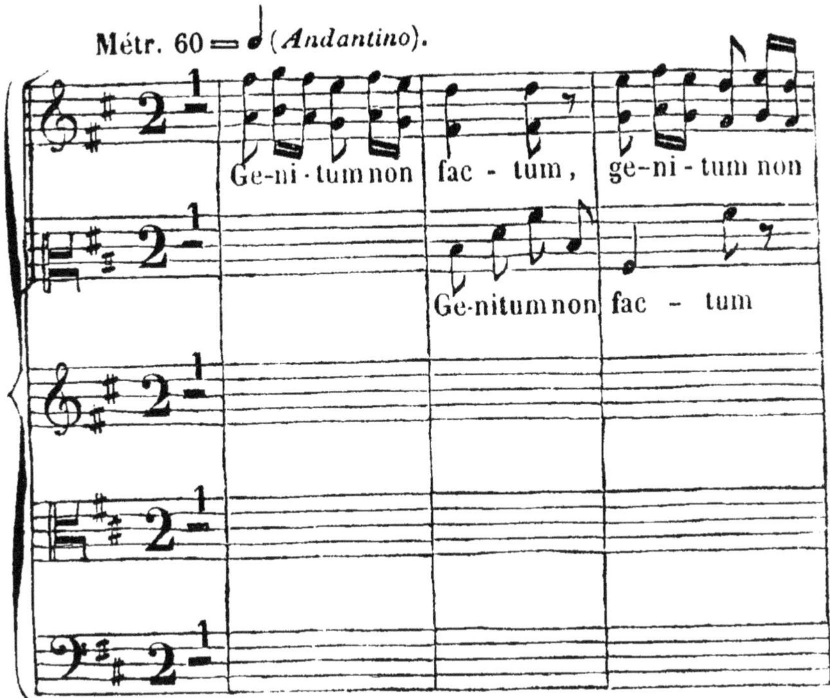

Pa - tri, per quem om -
om - ni - a fac - - ta sunt,
per quem om -
per quem om - ni - a fac -

- ni - a fac - - ta sunt.
om - - - ni - a fac - ta sunt.
- - ni - a fac - - ta sunt.
- ta sunt, om - ni - a fac - ta sunt.

Qui propter nos ho - mi-nes, Qui prop-ter nos
Qui propter nos ho - mi-nes,

ho - mi-nes, et prop - ter nos - - tram
Qui prop-ter nos ho - mi - nes, et prop-ter nos-
Qui propter nos homi -nes, et prop-ter

sa - lu - tem, des - cen - dit de
- tram sa - lu - tem, des - cen - dit de
nos-tram sa - lu - tem, des - cen - dit de
Des - - cen -
cœ - - lis. - - -
cœ - - lis. - - -
cœ - - lis. - - -
- dit de cœ - lis. - - -

Métr. 40 = ♩ (*Largo*).

- ri - a Vir - - gi - - ne, et
et
et

Ho - mo fac - - tus est.
Ho - mo fac - - tus est.
Ho - mo fac - - tus est.

Cru - ci - fi - -xus e - ti -
Cru - ci - fi - - - -xus e - ti -
Cru - ci - fi - -xus e - ti
Cru - ci - fi - - - - - - -xus e - ti -

- am pro no - -bis, sub Pon-ti - o Pi-
- am pro no - -bis,
- am pro no - -bis,

- la - - to, pas-sus et se - pul -
pas-sus et
pas-sus et
pas - sus et

- - - - tus est.
se - - pul - - - tus est.
se - pul - . tus est.

Métr. 100 = ♩ *(Allegro moderato).*

- e se--cundum Scrip - tu - - ras.
- e secun - dum Scriptu-ras, se-cundumScriptu-ras.
- e se--cundum Scrip - tu - - - ras.
- e se-cundum Scriptu-ras, secundumScriptu-ras.

Et as - cen - dit in cœ -lum,
Et as-
Et as-

et as - -cen - dit in cœ - -lum; se -
- cen-dit in cœ · lum, in cœ - -lum ; se - det
et as - -cen - dit in cœ - -lum ; se -
- cen-dit in cœ -lum, in cœ - -lum ; se -

- det ad dex - te - ram Pa - -tris.
— ad dex - te - ram Pa - - tris.
-det ad dex - te - ram Pa - - tris.
-det ad dex - te - ram Pa - - tris.

Metr. 66 = ♩ (*Maestoso*).

reg-ni non e - rit fi - nis.
non e - rit fi - nis.

Et in Spi-ri-tum sanctum Do-minum,

et vi - vi - fi - can -tem; qui ex
et vi - vi - fi - can - tem;
et vi - vi - fi - can - tem;

Pa - tre Fi - li - o - que pro - ce - dit.

Métr. 66 = ♩ . (Andantino).
Qui cum Pa - tre et Fi - li -
Qui cum Pa - tre et Fi - li -
Qui cum Pa - tre et Fi - li -
- o si - mul a - do - ra - - - tur et
- o si - mul a - do - ra - - - tur et
- o si - mul a - do - ra - - - tur

con - glo - - ri - fi - - ca - - tur; qui lo-

- cu - - - tus est per Pro - phe - - tas.
qui lo-cu - tus est perPro - -phe - tas.
qui lo-cu - tus est perPro - -phe - tas.

Métr. 66 = ♩ (*Andantino*).

- cam Ec - - cle - - si
- cam Ec - cle - - si
- cam Ec - - cle - - si -

- am. Con - fi - te - or u - num Bap -
- am.
Con - fi - te - or u - num Bap -
- am.

- tis - - - ma in remis - si -
Con - fi - te-or u - num Bap - tis - ma

- o - nem pec - ca - to - rum. Et ex-
in remissi- o-nem pec-ca - to - rum.

- pec-to re - surrec-ti- - o -
Et ex -- pec -

- nem mor - tu - o -
- to re - sur - rec-ti -- o-nem mortu - o -

Métr. 92 = ♩ (Allegro).
- rum. Et vi-tam ven- tu-ri se - - cu - li.
Vitam ven- tu-ri se - - cu - li.
- rum. Et Vitam ven- tu-ri se - - cu - li.
A - men, A - men, A - - men.
A - men, A - men, A - - men.
A - men, A - men, A - - men.

SANCTUS.

Métr. 40 = ♩ (Lento).
Sanc - tus, Sanc - tus,
Sanc - tus,
Sanc - tus,
Sanc - tus, Sanc - tus,
Sanctus, Sanc - tus,
Sanctus, Sanc - tus,

Do - mi-nus De - us Sa - ba - -oth. Ple - ni sunt
Do - mi-nus De - us Sa - ba - -oth.
Do - mi-nus De - us Sa - ba - -oth.

cœ - li et ter - ra glo - ri - a tu - a, Ple - ni sunt
Ple - ni sunt
Ple - ni sunt
Ple - ni sunt

cœ-li et ter-ra glo-ri - a tu-a; ho-san-na in ex-
cœ-li et ter-ra glo-ri - a tu-a; ho-san-na in ex-
cœ-li et ter-ra glo-ri - a tu-a; ho-san-na in ex-

- cel - sis, hosanna, hosan-na in ex- cel - - sis.
- cel - sis, hosanna, hosan-na in ex- cel - - sis.
- cel - sis, hosanna, hosan-na in ex- cel - - sis.

BENEDICTUS.

Be - ne- dic-tus qui ve-nit, qui ve-nit in

no - mi-ne Do-mi-ni, ho- -san-na in ex- -cel -
Ho- -san-na in ex- -cel -
Ho- -san-na in ex- -cel -
Ho- san-na in ex- -cel -

- sis, hosan-na, ho -san - na in ex - cel - sis.
- sis, ho-san-na, ho-san -na in ex - cel - - sis.
- sis, ho-san-na, ho-san - na in ex - cel - - sis.
Métr. 52 = ♩ (Religioso).
O sa - lu - ta - ris Hos - ti -
- a, quæ cœ - li pan - dis o - sti - um!
O sa - lu - ta - ris Ho - sti - a,
quæ cœ - li pan - dis o - sti - um! Bel-la
premunt hos- ti - li - a, Bel-la premunt hos - ti - li -
- a, da ro - bur, fer au - xi - - li - um.

AGNUS DEI.

Métr. 60 = ♩ (Amoroso).
A - gnus De - i, qui tol-lis pec - ca - ta
mun - di,
(3e fois.) mi-se- re-re / do-na no-bis
mi-se- re-re / do-na no-bis
(3e fois.)
mi-se-re-re no -
(3e fois.) do-na no-bis pa

1re et 2e fois.
3e fois.
no - bis.
pa - - - -cem,
do - na no - bis,
no - - bis.
pa - - - -cem,
do - na no - bis,
- - bis.
-cem,
do - na no - bis,
do - na no - bis pa - - - - - - - -cem.
do - na no - bis pa - - - -cem.
do - na no - bis pa - - - cem.

DOMINE SALVUM FAC REGEM.

- ca - ve-ri - mus te. Et ex-au-di nos in di - e
Et ex-au-di nos in di - e
Et ex-au-di nos in di - e

qua in-vo - ca-ve-ri - mus te.
qua in-vo - ca-ve-ri - mus te.
qua in-vo - ca-ve-ri - mus te.

RÉPONSES A FAIRE PENDANT LA MESSE.

Glo - ri - a ti - bi Do - mi- ne.
Glo - ri - a ti - bi Do - mi- ne.
Glo - ri - a ti - bi Do - mi- ne.

Ha- - be - -mus ad Do - - mi-num.
Ha- - be - -mus ad Do - - mi-num.
Ha- - be - -mus ad Do - - mi-num.

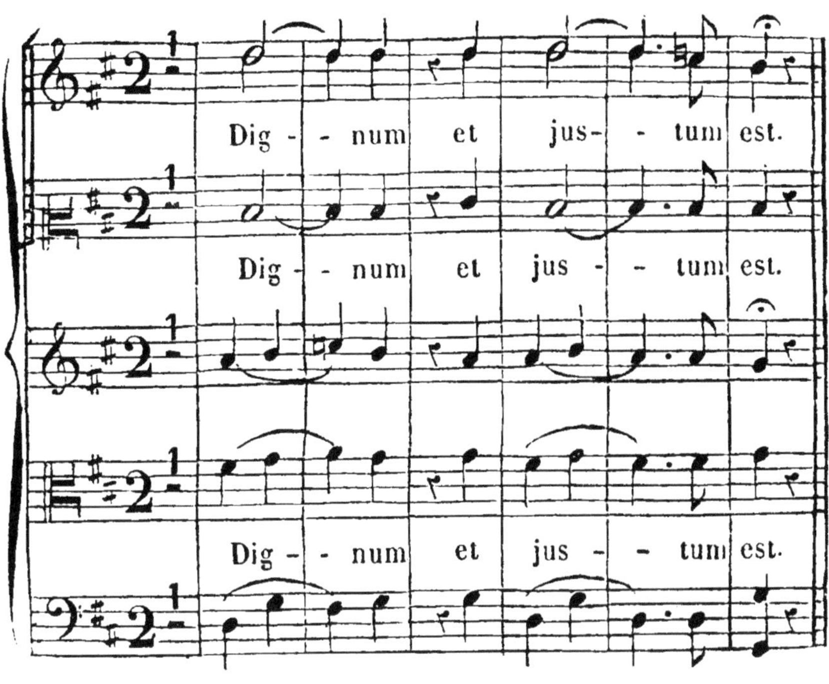

Dig - - num et jus - - tum est.
Dig - - num et jus - - tum est.
Dig - num et jus - - tum est.

De - o gra - - ti - as.
De - o gra - - ti - as.
De - o gra - - ti - as

A VÊPRES.

MAGNIFICAT (du 5e ton.)

Métr. 72 = ♩ (Maestoso).

Le Chœur ou l'Orgue, Et exultavit, etc.

- cil-læ su - æ: ec-ce e-nim ex hoc be-a-tam me
- cil -læ su - æ: ec-ce e-nim ex hoc be-a-tam me
• cil - læ su - æ: ec-ce e-nim ex hoc be -a-tam me

di-cent omnes ge-ne-ra - ti - o - nes.
di-cent omnes ge-ne-ra - ti - o - nes.
di-cent omnes ge-ne-ra - ti - o - - nes.

et mi-se-ri - cor-di-a e - jus a pro-
et mi-se-ri - cor-di-a e - jus a pro-
et mi-se-ri - cor-di-a e - jus a pro-

- ge - ni - e in pro-ge-ni - es, ti - men-ti
- ge - ni - e in pro-ge-ni - es, ti - men-ti-
- ge - ni - e in pro-ge - ni - es ti - men-ti-

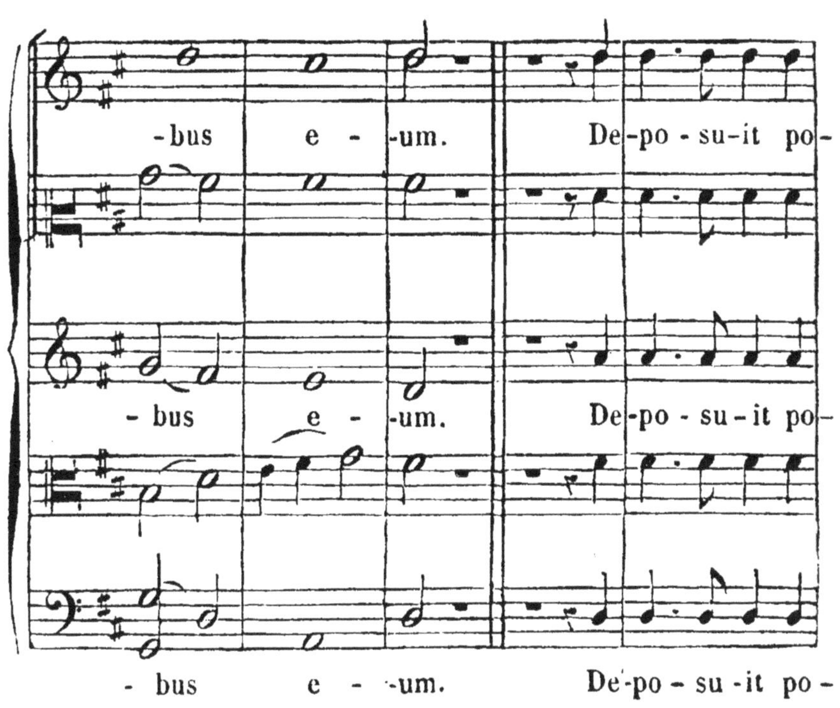
-bus e - -um. De-po - su-it po-
- bus e - -um. De-po - su-it po-
- bus e - -um. De-po - su -it po-

- ten-tes de sede, et ex - al - ta - vit hu - mi- les.
- ten-tes de sede, et ex - al -ta-vit hu mi -les.
- ten-tes de sede, et ex - al - ta - vit hu — mi les.

Sus-ce-pit Is - ra - el pu - e -rum su -um, recor-
Sus-ce-pit Is - ra - el pu - e -rum su -um, recor-
Sus-ce-pit Is - ra - el pu - e - rum su - um, recor-

- da - tus mi -se-ri-cordi - æ su - æ.
- da - tus mi -se-ri-cordi - æ su - æ.
- da - tus mi se-ri-cor-di - æ su - æ,

Pour les réponses voyez la page 65.

SALVE REGINA.

Métr. 63 = ♪ (*Andante*).

te cla-mamusexu - les fi - li Evæ. Ad te sus-pi-ramus ge

- mentes et flentesin hac la-cri-manum va- - - le,

PP
E - ia er- -go, ad-vo- -ca-ta nos-tra, il - -los
PP
E - ia er- -go, ad-vo- -ca-ta nos-tra, il - -los
E - ia er- -go, ad-vo- -ca-ta nos-tra, il - -los

tu- -os mi- -se-ri- -cordes o - cu- -los ad nos con-
tu- -os mi- -se-ri- -cordes o - cu- -los ad nos, con-
tu- -os mi- -se-ri- -cordes o - cu- -los ad nos, con-

- ver - - - te.
Et Je - sum be - ne-
- ver-te, con- - ver - te.
- ver - - - te.
- ver-te, con - ver - te.

- dictum fructum ven-tris tu-i no-bis post hoc e - xi - li-

-um os -tende
O pi -
O cle - -mens!
O cle - -mens!

-a! O dul-cis vir-go Ma ri - - - a!
O dul-cis vir-go Ma ri - - - a!
O dul-cis vir-go Ma ri - - - a!

Omnes di-vi-tes ple - - bis.
Omnes di-vi-tes ple - -bis.
Omnes di-vi-tes ple - - bis.

A - - men. A - -men.
A - - men. A- -men.
A - men. A- -men.

BENEDICTION

DU SAINT-SACREMENT.

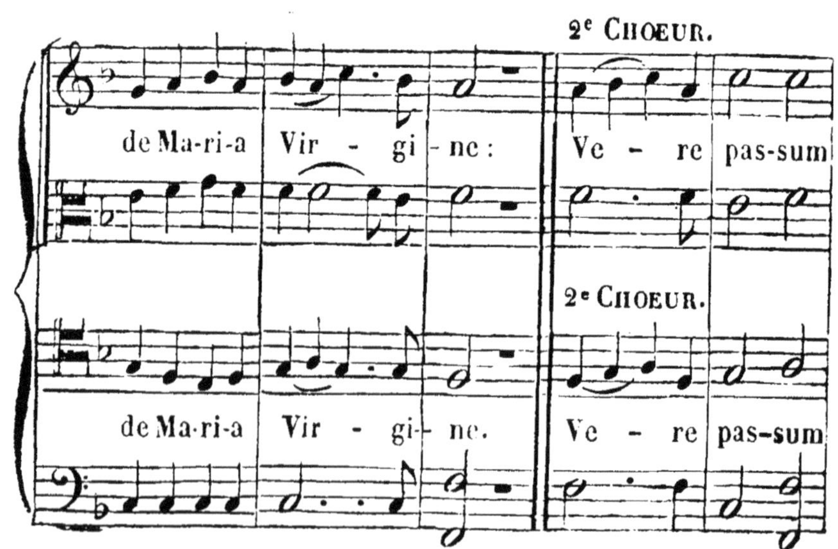

immo-la - - tum in cru-ce pro ho - mi - ne.
immo-la - - tum in cruce pro ho - mi - ne.
1er CHOEUR.
Cu -jus la - tus per-fo - -ra-tum flu-xit a - quà
1er CHOEUR.
Cu -jus la - tus per - fo - ra-tum flu-xit a - quà
2e CHOEUR.
et san -gui-ne. Es- to no - bis præ-gus-
2e CHOEUR.
et san -gui-ne. Es- to no - bis præ-gus-

- ta - tum mortis in ex - a - - - mi - ne.
- ta - tum mortis in ex - a - - - mi - ne.
1er CHOEUR.
O Je- - su dul - - cis!
1er CHOEUR.
O Je- - su dul - - cis!
2e CHOEUR.
O Je- - su pi - - e!
2e CHOEUR.
O Je- - su pi - - e!

1er CHOEUR.
TOUS.
O Je-su fi - li Ma - ri - æ, tu nobis
1er CHOEUR.
TOUS.
O Je-su fi - li Ma - ri - æ, tu nobis

mi - se - re - re. A - - men.
mi-se - re - re. A - - men.

REPONSE AU VERSET.

ANTIENNE A LA SAINTE-VIERGE,

DE M. ***.

Métr. 54 = ♩ (*Andante*).

be-ne - dic - ta tu in mu-li-e - ri - bus,
te-cum,
te-cum,
te-cum,

et be-ne - dic-tus fructus ventris tu-i Je-su.
et bene-dic - tus fructus ven-tris tu-i Je-su.
et be-ne --dictus fructus ven-tris tu-i Jesu.

Je -su, Je -su Je -su.
Je -su, Jesu, Je-su, Je-su,
Je -su, Jesu, Je-su, Je-su,

Sancta Ma -ri-a mater De -i
O-ra pro
O-ra pro no -
O-ra pro

Après l'Oraison, AMEN (page 59). Ensuite on chante le DOMINE SALVUM FAC REGEM (page 57), et l'AMEN après l'Oraison (page 59), et ce qui suit.

REPONSES.

Ex hoc nunc et usquæ in se - cu -lum.
Ex hoc nunc et us-quæ in se - cu -lum.
Ex hoc nunc et us-quæ in se - cu -lum.

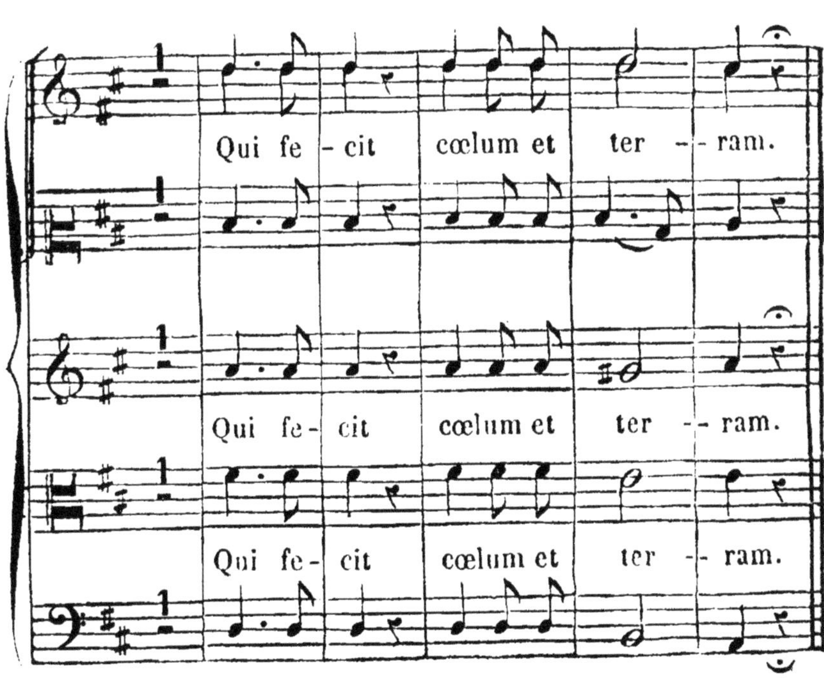

Qui fe - cit cœlum et ter - ram.
Qui fe - cit cœlum et ter - ram.
Qui fe - cit cœlum et ter - ram.

A — — men. — — —
A — men. — — —
A — men. — — —

ANTIENNE A LA SAINTE VIERGE,

DEPUIS LE 1er DIMANCHE DE L'AVENT JUSQU'A LA PURIFICATION.

Métr. 50 = ♪. (*Andante*).

por - ta manes et stel-la Ma - ris. suc-

- cur-re ca-den - ti, sur-ge - re qui cu - rat
sur-ge - re qui cu - rat
sur-ge - re qui cu - rat

po - pu - lo: Tu quæ ge - nu - is - ti na-
po - pu - lo: Tu quæ ge - nu - is - ti
po - pu - lo: Tu quæ ge - nu - is - ti

- tu - ra mi - ran - te tu - um sanctum ge - ni - to - rem:

vir - go pri - ùs   ac pos - te - ri - us, Ga-bri-
vir - go pri -ùs   ac pos - te - ri -us,
vir - go pri -ùs   ac pos - te - ri -us,

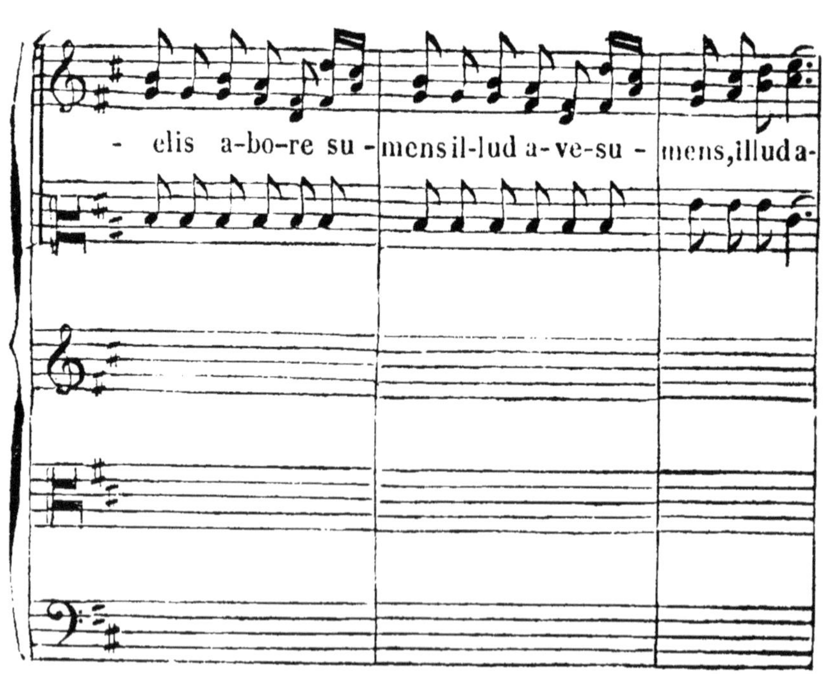

- elis a-bo-re su -mens il-lud a-ve-su - mens, illud a-

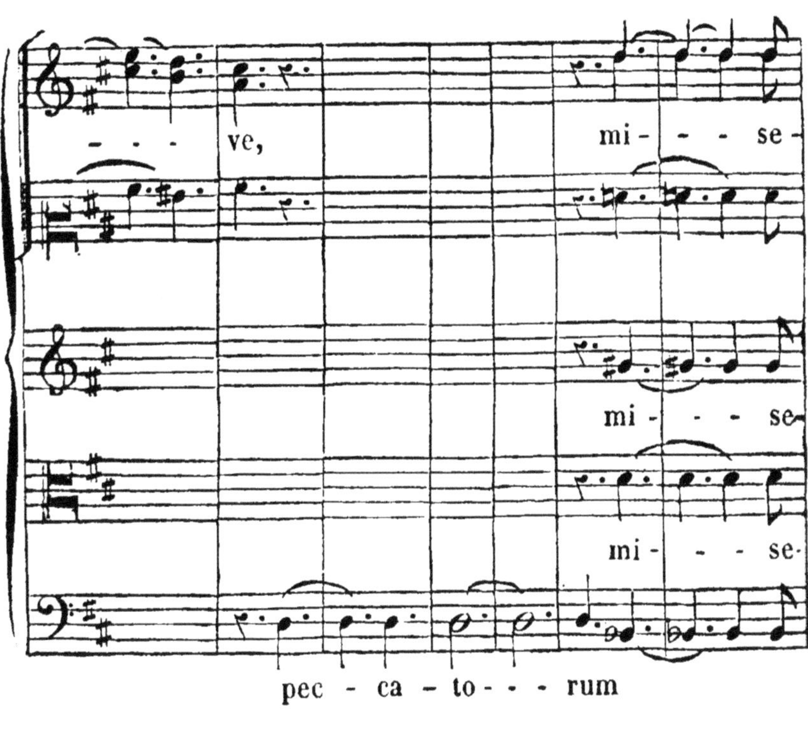
- - - ve,
mi - - se -
mi - - se -
mi - - se -
pec - ca - to - - - rum

- re - - re, mi - se - re - - - re.
- re - - re, mi - se - re - - - re.
- re - - re, mi - se - re - - - re.

Non commo-be - bi- - tur. — — —
(Depuis la Noël) Et jus-ti - tia de cœlo pros- pe - - -xit.)
Non commo-be -bi - tur. — — —
(Depuis la Noël) Et jus-ti- tia de cœlo pros- -pe - xit.)

A - - men. - - - -
A - - men. - - - -
A - - men. - - - -
A - - men. - - - -

ANTIENNE A LA SAINTE VIERGE,

DEPUIS LA PURIFICATION JUSQU'AU SAMEDI SAINT.

Métr. 50 = ♩ (*Andante*).

radix, sal-ve, porta; Ex quâ mun - do Lux est
Ex quâ mundo Lux est or-ta,

or - ta.
lux est or-ta
Sal-ve, ra-dix, sal - ve, por-ta; Ex quâ
Sal-ve, ra-dix, sal-ve, por-ta; Ex quâ

Gau-de
mun - do Lux est or - ta.
Ex quâ mundo lux est or-ta, lux est or-ta.

Vir-go glo-ri - o-sa, Su-per omnes preci - o-sa. Va-
Va-

- - le, ô val - de de - co - ra, Et pro
Va-le, ô val-de de -co ra, de - co--ra, Et pro no-bis
- - le ô val - de de - co -ra Et pro
Vale, ô val-de de - co-ra, de -co -ra, Et pro no-bis

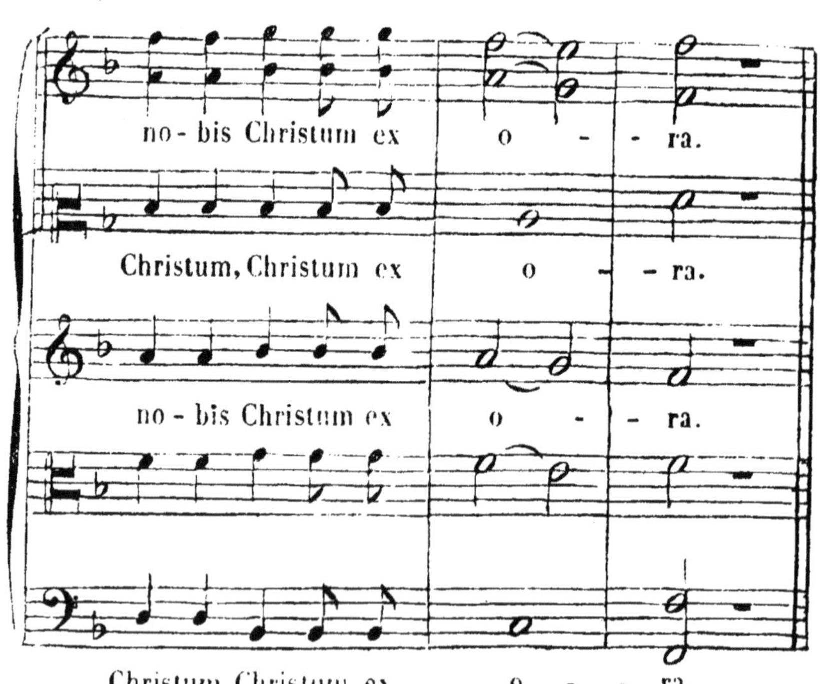
no - bis Christum ex o - ra.
Christum, Christum ex o - ra.
no - bis Christum ex o - ra.
Christum, Christum ex o - ra.

REPONSE.

In ha-bi--ta-ti-o-nem si--bi.
In ha-bi-ta-ti-o-nem si-bi.
In ha-bi-ta-ti-o-nem si-bi.

A--men.
A--men.
A--men.

REGINA COELI.

Métr. 60 = ♪ (*Allegretto.*)
(2ᵉ SOPRANO, tous les SOLOS.)

- ta-re, al - le - lu-ia, al-le-lu-ia. Re - sur--re -xit.
Al-le-lu-ia.
Al-le-lu -ia.

Si - cut di-xit. Re - sur--re-xit; si -cut di - xit, si-cut
Re-sur--re-xit si - cut di - xit, si-cut
Re- sur--re-xit si-cut di-xit, si-cut

di-xit, al-le-lu-ia, al-le-lu-ia. O-ra pro
di-xit, Al-le-lu-ia, Al-le-lu-ia.
di-xit, Al-le-lu-ia, Al-le-lu-ia.

no-bis De-um, o-ra pro nobis De-um, al-le-
O-ra pro nobis De-um,
O-ra pro nobis De-um,

- lu-ia, Al-le- lu-ia, al-le- -lu-ia, al-le- -lu-ia, al-le-
Al-le -lu-ia, al - le -lu-ia, al-le-
Al -le -lu-ia, al -le -lu-ia, al-le-

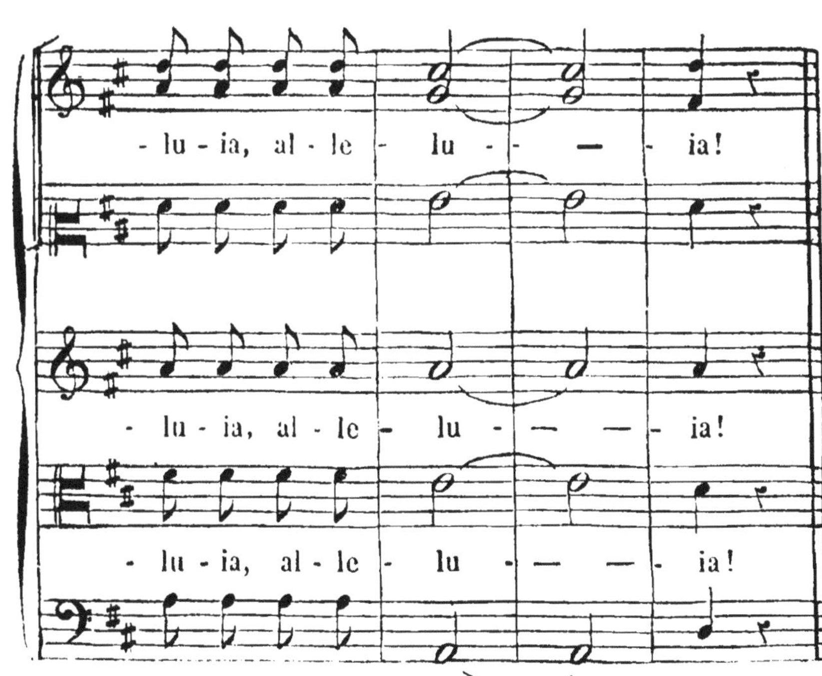
- lu - ia, al - le - lu - - - ia!
- lu - ia, al - le - lu - - - ia!
- lu - ia, al - le - lu - - - ia!

REPONSE.

Ut can-tet ti - bi glo-ri-a me - a.
Ut can-tet ti - bi glo-ri-a me - a.
Ut can-tet ti - bi glo-ri-a me - a.

A — — men. — — —
A — — men. — —
A — — men. — — —

VENI CREATOR SPIRITUS.

Métr. 60 = ♩. (*Andantino*).

(DEUX CORYPHÉES.)
1re - ta ;   Im-ple su - -per-nâ   gra - ti - â
3e - tus,   Tu ri - te   pro-mis-sum   Pa - tris
5e - nus ;   Ducto - re   sic te   præ - vio
7e - tus,   Af - flan-te   quo mentes   sa - cris
- tus,
- nus,
- ta,
- tus,
- nus,
- tus,

tr   (TOUS.) F
1re Quæ tu cre-as - ti   pec - to - ra.   Im-
3e Ser - mo-ne di - tans   gut - tu - ra.
5e Vi - te-mus om-ne   no - xi - um.
7e Lu - cent et ar-dent   ig - ni - bus.
Tu
1re Duc-
Af -

P
1re. - ple su - per - nà gra - ti - â Quæ tu cre - as - ti
3e. ri - te promissum Pa - tris, Ser - mo - ne di - tans
5e. - to - re sic te præ - vio, Vi - te - mus om - ne
7e. - flante quo men - tes sa - cris Lu - cent et ar - dent

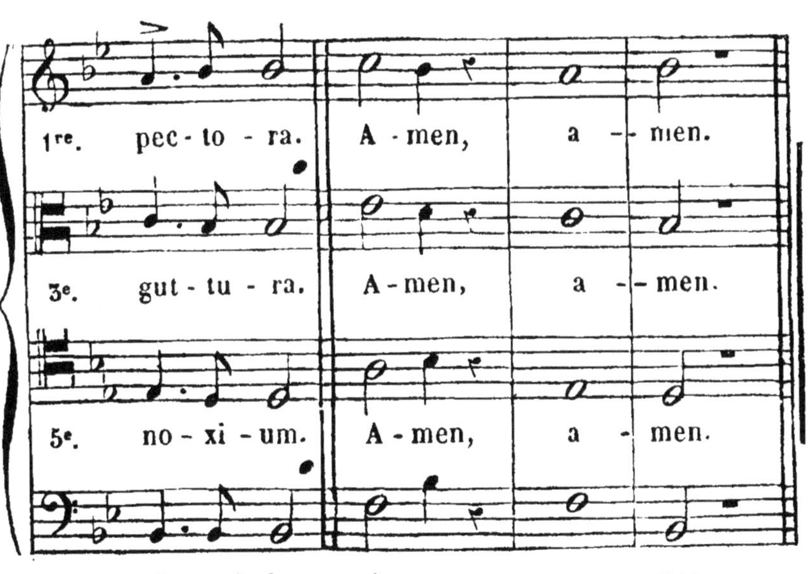
1re. pec - to - ra. A - men, a - men.
3e. gut - tu - ra. A - men, a - men.
5e. no - xi - um. A - men, a - men.
7e. i - gni - bus. A - men, a - men.

PARAPHRASE
DU *SUB TUUM PRÆSIDIUM*, ETC.,

Par M. JEANTELOT Directeur de l'Ecole Normale primaire de Bourges,
(Le 15 décembre 1837.)

Musique de Don SALVADOR DANIEL.

Métr. 80 = ♩ (*Andantino.*)

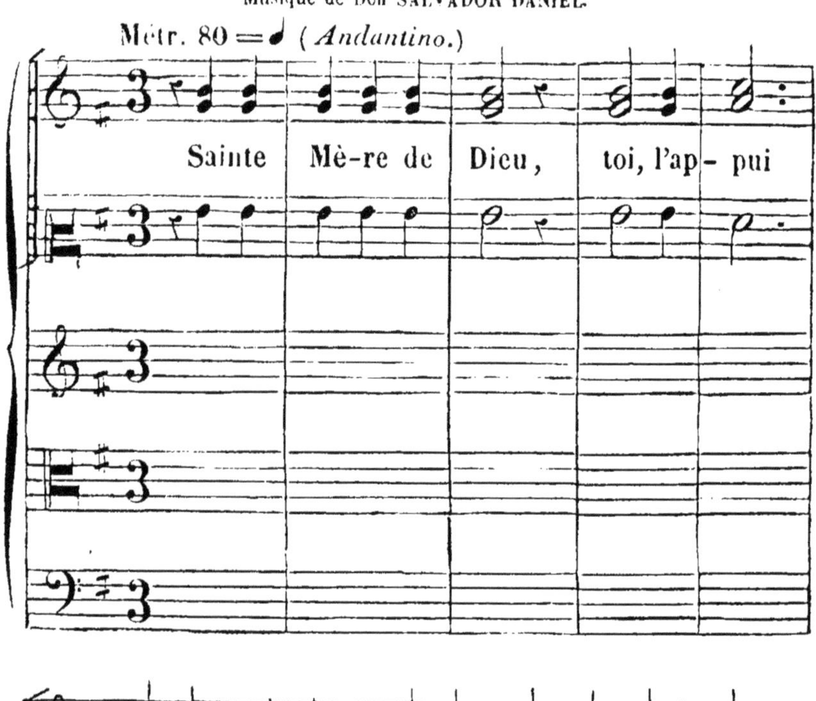

toi, l'ap - pui de l'en - fan - ce, Nous re-met
toi, l'ap - pui de l'en - fan - ce,
toi, l'ap - pui de l'en - fan - ce,

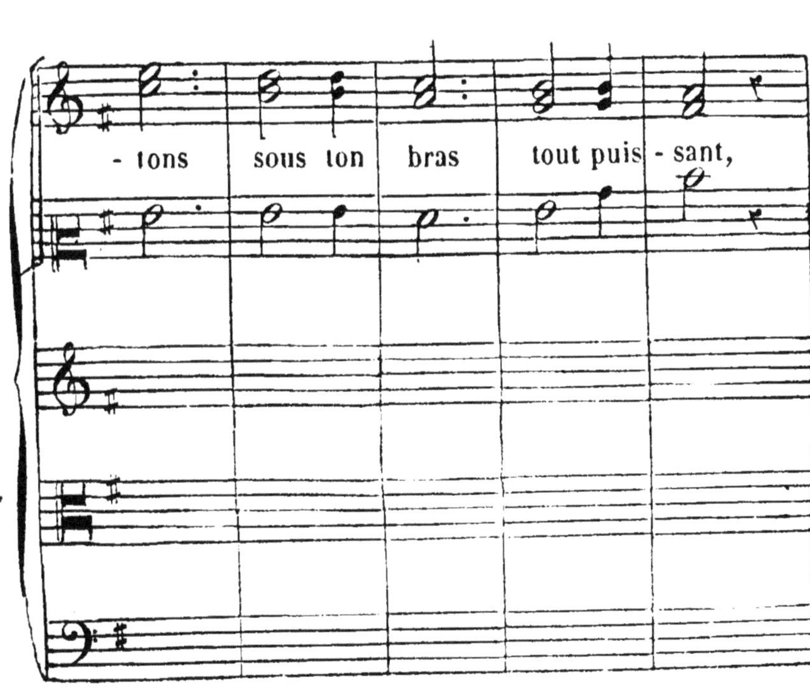

- tons sous ton bras tout puis - sant,

Et ton œil vi - gi - lant, Nous re-met-
Nous remet-
Nous re-met-
Nous re-met-

- tons sous ton bras tout puis - sant, Et ton
- tons sous ton bras tout puis - sant, Et ton
- tons sous ton bras tout puis - sant, Et ton

œil vi - gi- lant La gar-de de nos cœurs et de
œil vi - gi- lant,
œil vi - gi- lant,

notre in - no - cen-ce, La gar-de de nos cœurs et de
La gar-de de nos cœurs et de
La gar-de de nos cœurs et de

5.

notre in - no - cen-ce. Au mi- lieu du be - soin qui par-
notre in - no - cen-ce.
notre in - no - cen-ce.

tout nous as- sié-ge, Daigne exau -cer nos pri- è-res, nos

vœux. Rends-nous bons, ver - tu - eux,
Rends-nous bons, ver - tu - eux,
Rends-nous bons, ver - tu - eux,

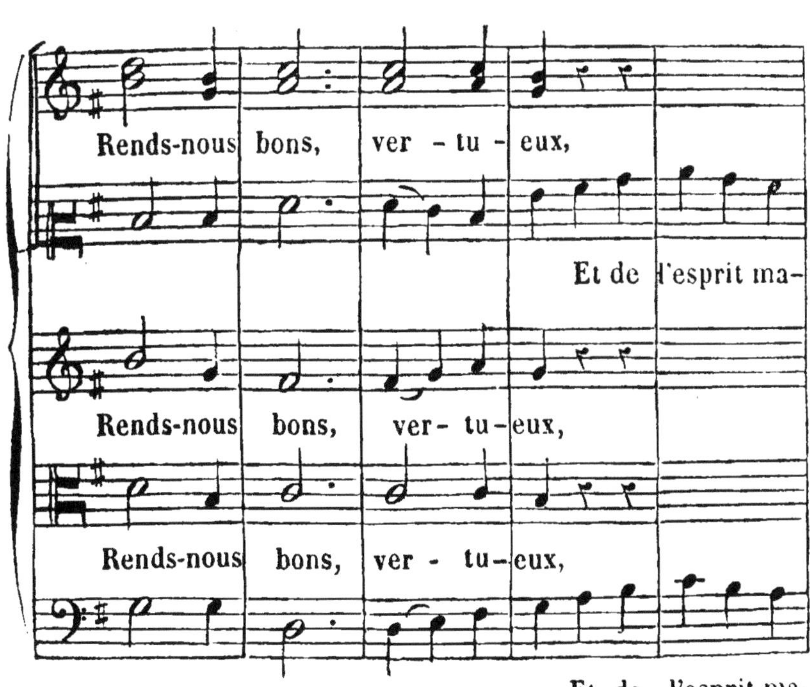
Rends-nous bons, ver - tu - eux,
Et de l'esprit ma-
Rends-nous bons, ver - tu - eux,
Rends-nous bons, ver - tu - eux,
Et de l'esprit ma-

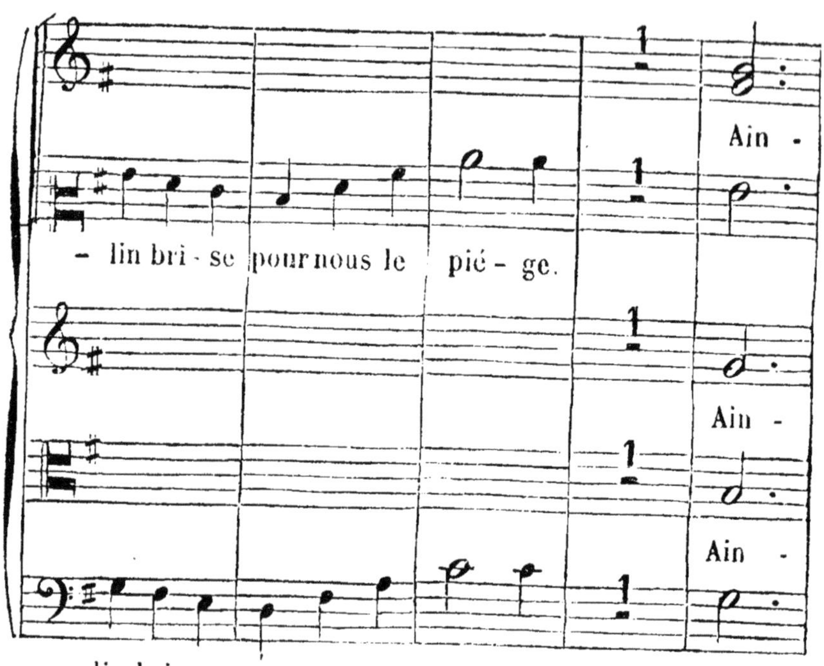
Ain -
- lin bri - se pour nous le pié - ge.
Ain -
Ain -
- lin bri - se pour nous le pié - ge.

- si soit - il, Ain - si soit - il.
- si soit - il, Ain - si soit - il.
- si soit - il, Ain - si soit - il.

JOURNÉE DE L'ENFANCE,

MARCHE.

Métr. 116 = ♪ (*Allegro*).

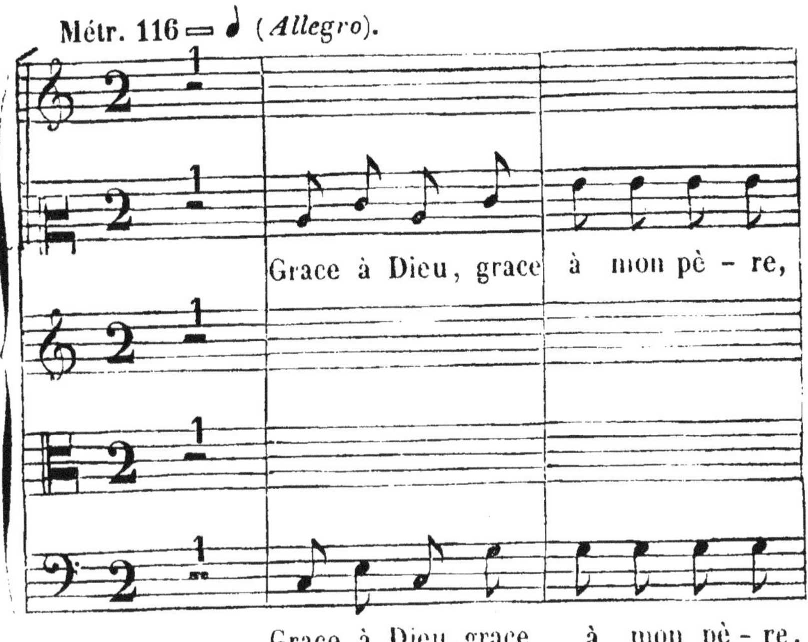

Tant de bonheur ne fi - ni - ra ja-
je l'es- pè - re,
Tant de bonheur ne fi - ni - ra ja-
Tant de bonheur ne fi - ni - ra ja-
je l'es -pè - re,

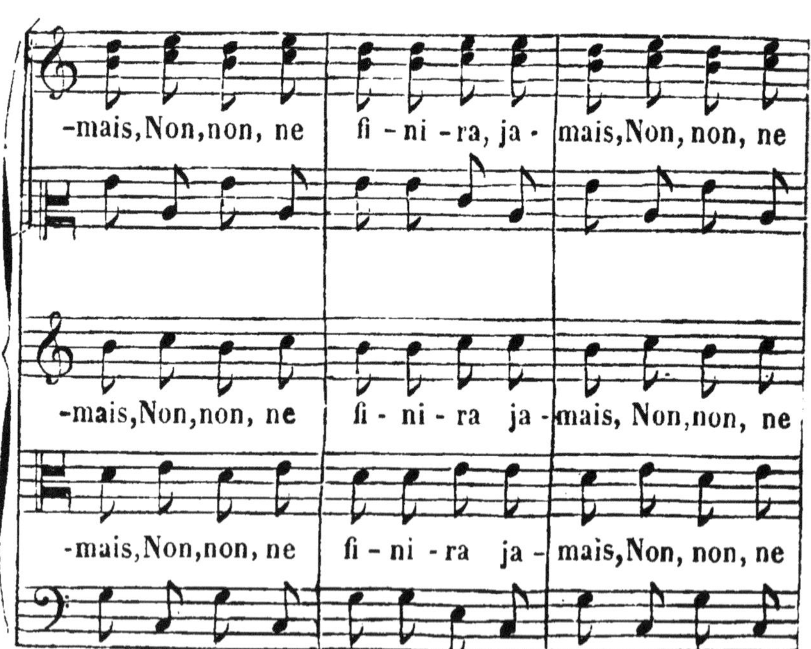
-mais, Non, non, ne fi - ni - ra, ja - mais, Non, non, ne
-mais, Non, non, ne fi - ni - ra ja-mais, Non, non, ne
-mais, Non, non, ne fi - ni - ra ja - mais, Non, non, ne

fi - ni - ra ja - - mais.
Tou - te la
fi - ni - ra ja - - mais.
fi - ni - ra ja - - mais.

nuit dou - ce - ment je som - meil - le ;

Dès le ma - tin, un bai - ser me ré - veil-le,

Heu-reux en- - cor du bon-heur de la veil - le.

Oh! je suis toujours con-tent! Il n'est point de peine a-
Oh! je suis toujours con-tent!
Oh! je suis toujours con-tent!

- mè - re, Que le bai - ser d'u-ne mè - re N'a-dou-
Que le bai - ser d'u -ne mè -re
Que le bai - ser d'u -ne mè -re

- cisse en un in-stant, N'adou-cisse en un in-stant, N'a-dou-
N'a-dou-cisse en un in-stant, N'adou-
N'a-dou cisse en un in-stant, N'adou-

- cisse en un instant, N'adou-cisse en un in-stant.
- cisse en un in-stant, N'adou-cisse en un in-stant.
- cisse en un in-stant, N'a-dou-cisse en un in-stant.

2ᵉ Couplet.

Dieu! ma première prière
S'a dresse à toi,
Si bon pour moi,
Et pour mon père, et pour ma mère,
Qui tous les deux m'instruisent de ta loi,
(Oui, oui.)
L'air est si pur à mon cœur qui l'aspire!
Si beau soleil à mes yeux vient reluire!
Autour de moi tout semble me sourire.
(Oh! je suis toujours content!)

3.

Et pourtant, quand je les quitte,
Chaque matin,
J'ai du chagrin;
L'heure du départ vient trop vite,
Je la voudrais remettre au lendemain.
(Oui, oui.)
Mais de mon père une tendre parole,
Un doux espoir, en partant, me console,
Et, sans regret, je retourne à l'école.
(Oh! je suis, etc.)

4.

Dans l'espoir qui m'encourage,
Jamais boudeur;
Avec ardeur
Tout aussitôt je me mets à l'ouvrage;
A mes efforts Dieu promet le bonheur.
(Oui, oui.)
Je me redis ce qu'on me dit sans cesse:
Rien n'est si laid que la triste paresse!
Et puis, là-bas m'attend une caresse.
(Oh! je suis, etc.)

5.

Mais bientôt, mère chérie,
Je vais te voir,
Voici le soir!
Tu m'attends là, je le parie;
Et ce baiser je vais aussi l'avoir.
(Oui, oui.)
Par le plaisir doucement couronnée,
Ainsi finit mon heureuse journée,
O sois béni, Dieu qui me l'as donnée.
(Oh! je suis, etc.)

CHARMANTS OISEAUX.

MUSIQUE DE MOZARD.

- ma - ge Au Dieu puissant, qui ré- git l'u-ni-vers:
- ma-ge Au Dieu puissant, qui ré- git l'u-ni-vers:

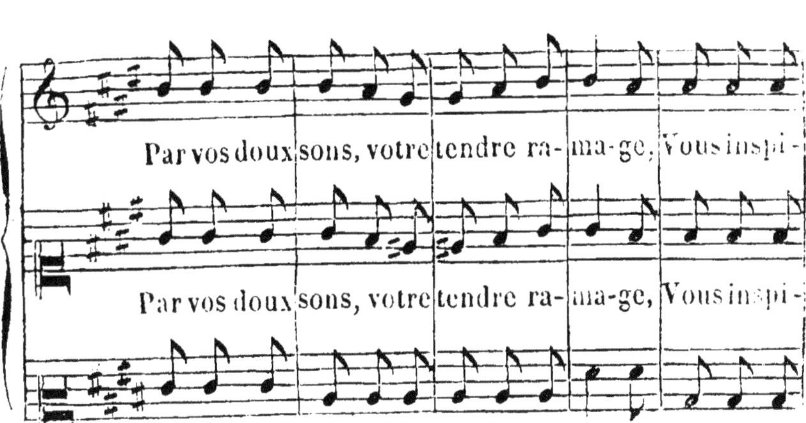
Par vos doux sons, votre tendre ra- ma-ge, Vous inspi-
Par vos doux sons, votre tendre ra- ma-ge, Vous inspi-

- rez l'inno- cence et la paix, Et vos plai-sirs ont du
- rez l'inno- cence et la paix, Et vos plai-sirs ont du

moins l'a - van - - ta - ge Que les re - mords ne les
moins l'a-van - - ta - ge Que les re -mords ne les

trou-blent ja - mais, Que les re -mords ne les
trou-blent ja - mais, Que les re -mords ne les

trou-blent ja - mais.
trou-blent ja - mais.

2e COUPLET.

Aimables fleurs, qui parez ce rivage,
Et que l'aurore arrose de ses pleurs,
De la vertu vous retracez l'image
Par l'éclat pur de vos vives couleurs.
Si vous séchez au sein même de Flore,
Et ne durez souvent qu'un jour ou deux,
Votre parfum après vous dure encore,
De la vertu symbole précieux. (*bis*)

3.

Charmant ruisseau, qui, dans cette prairie,
En serpentant précipites tes cours,
Telle est, hélas! l'image de la vie!
Comme tes eaux s'écoulent nos beaux jours.
Tu vas te perdre, à la fin de ta course,
Au sein des mers d'où jamais rien ne sort.
Et tous nos jours ainsi, dès notre source,
Toujours errants nous mènent à la mort. (*bis*)

4.

Petit troupeau, qui paissez dans la plaine,
Que j'aime à voir votre fidélité,
Au moindre mot du berger qui vous mène,
Vous le suivez avec docilité ;
Si des pasteurs chargés de nous conduire,
Nous écoutions, comme vous, la leçon,
Des loups cruels voudraient en vain nous nuire :
Souvent l'instinct sert mieux que la raison. (*bis*)

5.

Chers papillons qui, d'une aile légère,
De fleur en fleur volez sans arrêter,
De nos désirs tel est le caractère,
Aucun objet ne les peut contenter.
Nous courons tous de chimère en chimère,
Croyant toujours toucher au vrai bonheur :
Mais, ici bas, c'est en vain qu'on espère ;
Et Dieu peut seul remplir tout notre cœur. (*bis*)

HYMNE.

MUSIQUE DU COLONEL LVOFF.

Extraite de la FRANCE MUSICALE, n° 34 (3e année), 23 Août 1840.

PAROLES DE M. JEANTELOT,

Directeur de l'École Normale primaire de Bourges.

Métr. 138= ♩ (*Allegro maestoso.*)

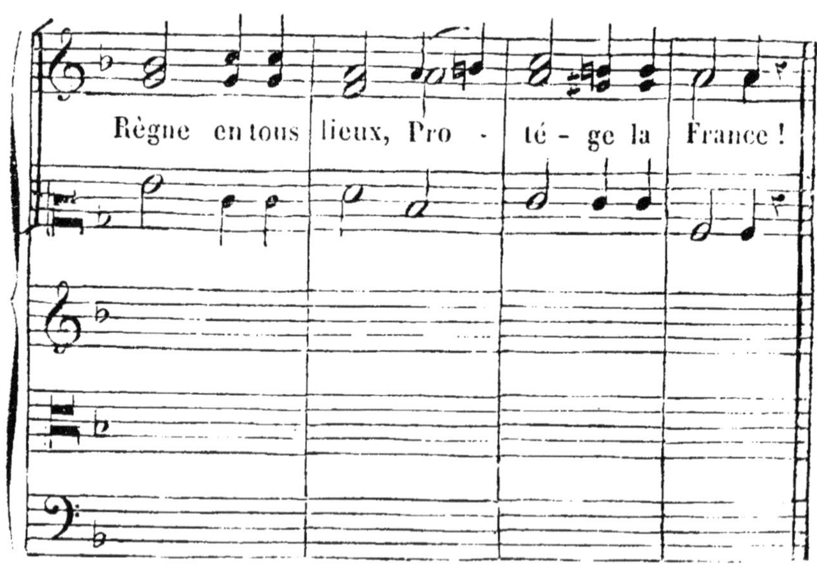

Daigne ex-au--cer nos vœux; Toi, dont la puis-san-ce
Daigne ex-au--cer nos vœux; Toi, dont la puis-san-ce
Daigne ex au--cer nos vœux; Toi, dont la puis-san-ce

Règne en tous lieux, Pro--té-ge la France!
Règne en tous lieux, Pro--té-ge la France!
Règne en tous lieux, Pro--té-ge la France!

En toi seul elle a foi: Viens, prends sa dé-fen-se,

Et veil - le sur son roi.

En toi seul elle a foi: Viens, prends sa dé-fen-se,
En toi seul elle a foi: Viens, prends sa dé-fen-se
En toi seul elle a foi: Viens, prends sa dé-fen-se

Et veil - le sur son roi.
Et veil - le sur son roi.
Et veil - le sur son roi.

ACCOMPAGNEMENT D'OPHICLÉIDE,

POUR TOUT CE QUE CONTIENT CETTE DEUXIÈME PARTIE DE L'ALPHABET,

ET POUR LA PRIÈRE DE LA PREMIÈRE PARTIE

MESSE.

Gratias.
Andante.
Domine Deus.
Andante.

Pour les Réponses pendant la Messe, voyez la page 140.

Allegretto.
7
Andantino.
8
3
Et incarnatus. Largo.
P
2
P
3

Et resurrexit.
Allegro moderato.
Maestoso.
Andantino.

Andantino.

2

3

Et vitam. *Allegro.*

1

Pour les Réponses pendant la Messe, voyez la page 140

voyez la page 140

5
Benedictus. 4
O salutaris. Religioso.
P
Solo d'orgue.

Pour les Réponses pendant la Messe, voyez page 140.

Domine salvum fac Regem.

A VÊPRES.

MAGNIFICAT (du 5ᵉ ton).

Suscepit Israël.

Pour les Reponses , voyez la page 140.

Salve Regina.

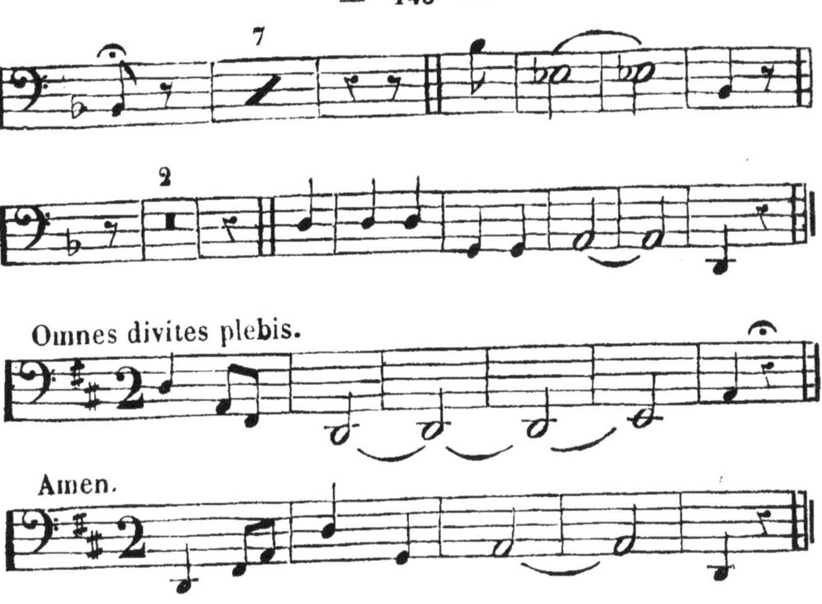

BENEDICTION DU SAINT-SACREMENT.

RÉPONSE AU VERSET.

Et glorificabo eum.

ANTIENNE A LA SAINTE VIERGE.

Ave Maria.   *Andante.*   4

Après l'Oraison, Amen (p. 140) ; ensuite on chante le Domine salvum (p 140), et l'Amen après l'Oraison (p. 140), et ce qui suit.

REPONSES.

Ex hoc nunc et usquæ in seculum.

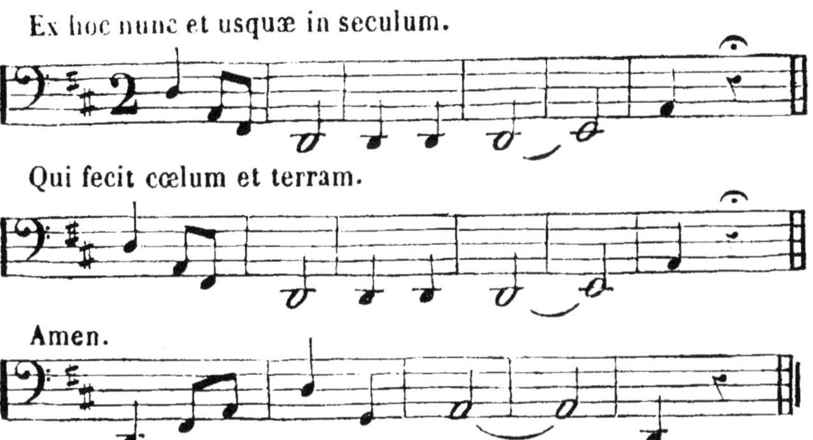

Qui fecit cœlum et terram.

Amen.

ANTIENNE A LA SAINTE VIERGE,

DEPUIS LE PREMIER DIMANCHE DE L'AVENT JUSQU'A LA PURIFICATION.

Alma. *Andante.*

REPONSE.

Non commobebitur.

ANTIENNE A LA SAINTE VIERGE

DEPUIS LA PURIFICATION JUSQU'AU SAMEDI-SAINT

Ave Regina cœlorum.
Andante.

REPONSE

In habitationem sibi.

ANTIENNE A LA SAINTE VIERGE,

DEPUIS PAQUES JUSQU'A LA TRINITE.

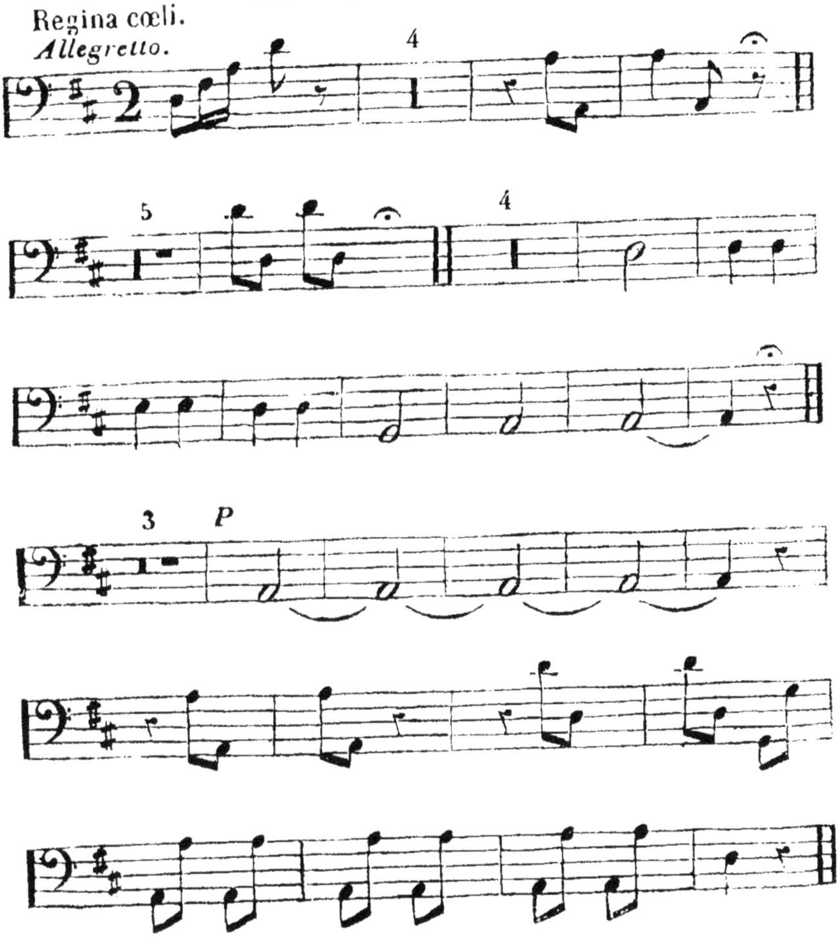

Regina cœli.
Allegretto.

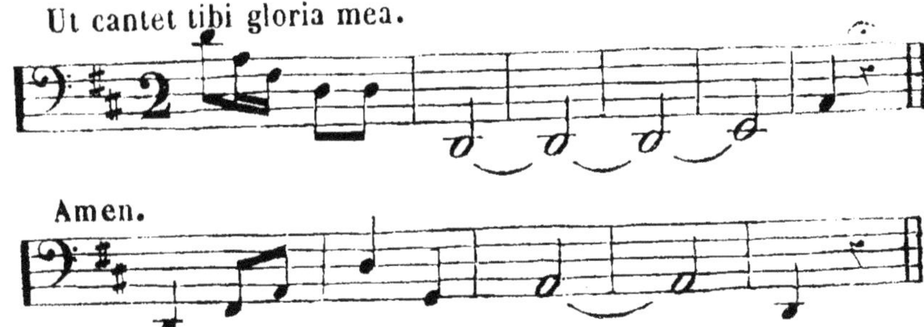

REPONSE.

Ut cantet tibi gloria mea.

Amen.

VENI CREATOR SPIRITUS.

PARAPHRASE DU *SUB TUUM PRÆSIDIUM*, ETC.

JOURNEE DE L'ENFANCE.

MARCHE.

CHARMANTS OISEAUX,

MUSIQUE DE MOZART.

ACCOMPAGNEMENT DE DON SALVADOR DANIEL.

HYMNE,

MUSIQUE DU COLONEL LVOFF.

Allegro maestoso.

ACCOMPAGNEMENT

DE LA PRIÈRE QUI EST DANS LA PREMIÈRE PARTIE DE CET ALPHABET.

Andante.

FIN.

Procédés de Tanteustein et Cordel, 90, rue de la Harpe